CERDDI'R CYFNOS

CERDDI'R CYFNOS

W. LESLIE RICHARDS

GWASG GEE
DINBYCH

ISBN 0 7074 0104 6

Argraffwyd a chyhoeddwyd gan
WASG GEE, DINBYCH, CLWYD

I'R TEULU

GWRAIG, PLANT AC WYRION

RHAGAIR

Os caf fyw hyd fis Mai nesaf byddaf wedi cyrraedd yr hyn a elwir yn oedran yr addewid, er fy mod yn ymwybodol iawn na roddwyd y fath addewid i neb. Mae hynny, efallai'n gystal rheswm â dim dros ddymuno casglu'r cerddi hyn at ei gilydd. Cyhoeddwyd ychydig ohonynt eisoes mewn llyfrau a chylchgronau megis *Barddas, Barn, Y Genhinen, Cerddi'r Dryw* (Gol. Jac. L. Williams), *Cerddi 77* (Gol. W. Rhys Nicholas), *Cofio* (Gol. Aeres Evans), a *Triongl* (Gol. W. Rhys Nicholas) a dymunaf ddiolch am y croeso a gawsant yno.

Diolchaf hefyd i'm merch, Eleri Davies, a'm mab-yng-nghyfraith, Huw Ceiriog, am eu cymorth a'u hanogaeth, ond yn bennaf diolchaf i'm cyfaill, Mr. Emlyn Evans, Rheolwr Gwasg Gee, am dderbyn y cerddi ac i weithwyr y Wasg am eu gwaith glân a medrus.

HYDREF 1984.

CYNNWYS

CYMRU

Gyfaill o Gymro, gofynnaf i ti
A fu y Gymru a garaf fi?

Cymru Arthur a'i Ford Gron,
Llancesau teg a marchogion llon?

Cymru Llywelyn a Glyndŵr,
Y castell clyd a'r cadarn dŵr?

Cymru Harris a Phantycelyn,
Y nosweithiau llawen a chanu'r delyn?

Cymru hen weision llengar abal
A diwylliedig y llofft stabal?

Cymru pregethwyr y cyrddau mawr,
A'r capel dan sang o'r llofft i'r llawr?

Cymru gwerin y Sabath glân,
A'u duwioldeb ynddynt yn dân?

Cymru rhieni yr aberth drud
Er mwyn i'w plant gael amgenach byd?

Wrth weld y Gymru sydd yma'n awr
'R wy'n amau'n fawr
A fu'r fath Gymru â hyn erio'd
Yn bod.

COLLI'R IAITH

Hafog o lif anghyfiaith
Heddiw'n wir sy'n boddi'n hiaith,—
Llif lleidiog, llif all lwydo
Pob dyffryn a bryn a bro,
Llyfn, llidiog, llif yn lledu
O nerth di-dranc ei wanc hy;
Llwyr iawn y collir ynni
Ei gwyliau a'i hwyliau hi.

Mor anial y dial dig
I'w rhadau cysegredig,
A'i brwd eiriau brodorol
Yn awr ni ddeuant yn ôl.
Ni ddaw plant mân i'w canu —
Sŵn teg yn atseinio tŷ —
Hwy nid ânt ar lain na dôl
Dan ei siarad yn siriol;
A'i gelynion hyfion hi
A chwardd am ben ei cherddi.

Ni ddaw cân, ni ddaw cennad
Na gwlith i gapeli'n gwlad;
Ni ddaw cof, ni ddaw gofyn
Yn awr am y doniau hyn.
Ni ddaw sôn am Ddewi Sant,
Ni ddaw miloedd a'u moliant
Wrth eu greddf i'r Eisteddfod,
Pawb yn hedd y Cledd a'r clod.

Aberth afrad y tadau
I'w bri am byth i barhau
Mewn bedd o dristwch heddiw —
Bedd difaterwch y byw.

Os collir pob rhyw obaith
Y daw'r awr i gadw'r iaith,
Daw dydd heb ddim dedwyddwch
Ond gwaeau a drygau'n drwch,
Dydd blin pan dorrir llinach
Adfail fyw ein cenedl fach,
A hafog llif anghyfiaith
Yn wir wedi boddi'n hiaith!

AWEN LLAWENYDD

Mae
awen llawenydd
ym mlas diadflas dŵr,
glaswellt ir gweundir a gwndwn
a ffresni glesni glân
yr awyr a'r wawr ieuanc.

Ac
awen llawenydd
yn nhrysor y tymhorau —
egino glas y gwanwyn,
a thes ysblennydd hirddydd haf,
llawn oedran llwyni hydref
a gwewyr gwyn y gaeaf.

Ond
cariad diymwad dau
o hoen i henaint,
a ffydd na phaid
yn rhin daioni'r Iôr —
ein dwyfol waredigol dad —
yd yw craidd y bywyd crwn
a gwir awen llawenydd.

CYMRY

Pridd Cymraeg
oedd pridd y llethri hyn
a phob coedlan a pherth
a chraig a chilfach
wedi atsain erioed i acen yr iaith.

Cymry oedd yr anifeiliaid,
pob dafad ac oen,
y cesig yn gwhwrad yn y gweunydd,
A phob swclyn bach
yn Gymro i'r carn.

Cymraeg oedd cyfarth y cŵn,
brefu'r bustych a'r buchod
o faes i fuarth,
a sugnai'r lloi llywaeth
eu llaeth Cymraeg.

A Chymry
oedd deiliaid y dolydd,
trinwyr pridd y ffriddoedd,
gweddïwyr y tai-cwrdd
a phlant y ffyrdd.

O na foed i minnau fyw
i weld tynnu'r hufen o'r llefrith
a'i droi'n lastwn seisnig —
dileu doethineb deir
Cymraeg y pridd.

EIN TAD

Ein Tad
yr hwn sydd yn y Nefoedd
(ble bynnag y mae honno erbyn hyn),
yr hwn a luniodd y Greadigaeth
(os wyt Ti'n mynnu o hyd mai Ti a wnaeth hynny),
rhag ofn i Ti ddigwydd dial arnom
mewn rhyw ffordd annirnad,
deuwn ger dy fron
i'th gydnabod
rhag ofn Dy fod Di o hyd yn fyw
yn rhywle,
ac yn cadw golwg o hirbell arnom.

Fe allwn ni bellach — yn ein llawn dwf —
ddarparu ein bara beunyddiol,
a thipyn o enllyn gydag ef;
ond paid â'n dwyn i brofedigaeth,
waeth at bwy wedyn y gallwn droi?
'R wyt Ti'n deall, wrth gwrs, mai syniad hen ffasiwn
erbyn hyn yw pechod.
Efallai'n wir ein bod ni weithiau'n wan,
yn bwyta ac yfed gormod,
a bod yn rhy lawen.
Ond oni ddylem ni gyfranogi
yn hael o'r holl fendithion a gawsom
drwy ein llafur a'n dyfais?

Cofia
(os wyt Ti yno o hyd)
am y claf a'r clwyfus,
ac anffodusion byd;
waeth mae'n weddus inni eu crybwyll hwy
a gofyn i Ti wneud rhywbeth drostynt.

A chofia
ein bod ninnau hefyd
yn dymuno gwneud ein rhan —
yn cyfrannu at y Genhadaeth,
Cartrefi Barnardo a'r Weinidogaeth,
ac yn haeddu i hynny gyfrif drosom,
a phopeth mor ddrud, a'r arian yn prinhau.
(Os daw Cyfrif).

Felly, O Dad!
(os wyt Ti yn ein clywed ni)
cofia mai meidrolion ydym wedi'r cyfan,
a llewyrched Dy oleuni arnom beunydd.

                                        Amen.

CÔR TELYN TEILO

(Yn ddeng mlwydd oed)

Côr Telyn cyrrau Teilo,
Eilunod glyn, bryn a bro,
Gafodd ganmoliaeth gyfan
A chlod drwy Gymru achlân;
Eu cân glir drwy bell diroedd
A'u gloyw sain yn atsain oedd.

Iddynt cyfarchion llonnaf,
Uched eu bri ferched braf!
Heddiw ein mawl a haeddant,
A sôn am dôn eu cerdd dant,
Deg lwyth o enethod glân
Hoenus eu hwyl a'u hanian.

Clir hoyw-iach y clywir haid
O leisiau fel eosiaid;
Tonau, dyrïau di-ri
Yn y llan gawn i'n llonni.
Melodïau, salmau sydd
Yno i'n swyno beunydd.

Henffych i'r glân rianedd,
A'u brwd gân, teg bryd a gwedd;
Adar hygar cerddgar cu,
Corws i bawb eu caru,
Eilunod glyn, bryn a bro,
Côr Telyn cyrrau Teilo.

I YSGOL TEILO SANT
(Yn 25 mlwydd oed)

Llongyfarchion llon yn lli
A lanwo'n cân eleni;
Talwn i Ysgol Teilo
Hwyliog fawl; hirhoedlog fo.

Caf hwyl yn cofio helynt
Y brwydro a'r gweithio gynt
Er rhoi'r fraint i rai o'r fro,
Fwyna dawn, i fynd yno
I gael addysg i 'mgleddu
Hynt faith gogoniant a fu.

A thriw fu ei hathrawon,
A'u gafael yn hael yn hon
Am emau teg eu mamiaith
Mewn gwers, mewn chwarae, mewn gwaith
Yn dwyn y plant a'u denu
I garu hen Gymru gu.
Hawlient orseddu eilwaith,
Gyda'u hawch am gadw'u hiaith,
Ein gwlad a'i thraddodiadau,
A'i bri o hyd i barhau.

Talwn i Ysgol Teilo
Hwyliog fawl; hirhoedlog fo.
Llongyfarchion llon yn lli
A leinw ein cân eleni.

EMYN PRIODAS (I)

Sancteiddia Di, O Nefol Dad,
Drwy rym yr oedfa hon
Yr addunedau yma a wneir
Yn ffyddiog ger Dy fron.

Sancteiddia'r ddau sydd yma'n awr
O flaen Dy allor bur,
Ac yn Dy gariad cynnal hwy
Mewn gwynfyd ac mewn cur.

Sancteiddia'u bywyd ar ei hyd
I'th wasanaethu'n llwyr,
A boed i fendith hael Dy ras
Eu dilyn hyd yr hwyr.

EMYN PRIODAS (II)

O dirion Dad, rho fendith hael
  I ddau ym more'u byd,
A bydd yn gymorth hawdd Dy gael
  Drwy ddyddiau 'u hoes i gyd.

Rho rin Dy gariad iddynt hwy
  Dros lon flynyddoedd maith,
A ffydd yn olau eglur mwy
  I'w tywys ar eu taith.

Rho iddynt Dy dangnefedd Di,
  Rho Dy lawenydd drud,
Drwy storm a hindda, sen a bri
  Eu heinioes ar ei hyd.

DA WAS . . .

(I'r Parch. D. Morlais Jones ar ei ymddeoliad
Tachwedd, 1982)

Nyddwn i un sy'n ei haeddu — ein mawl
Am olau'i bregethu,
Gŵr cadarn ei farn, a fu
Dda was i'w Arglwydd, Iesu.

Yr Iesu er pob croesau — a gafodd
O gyfoeth ei ddoniau,
A nerth ei anterth yntau
Yn frwd a roes i'w fawrhau.

Ei fawrhau mewn dyddiau dwys — yn wrol,
Rhoi 'i orau i'w eglwys;
Hwn a gamodd yn gymwys
Drwy benyd bywyd a'i bwys.

Bywyd a'i bwys, byd a'i bwn — a heriodd
Dros arall bob dwthwn,
Am hynny'r câr hawddgar hwn
A haedda'r mawl a nyddwn.

I BLENTYN BYCHAN

I ti y bychan annwyl
Ar ein hôl pa ddyfodol a fydd
Mewn byd mor anhyfryd â hwn
Lle mae dyn at ei gyd-ddyn mor gas
Yn sathru, llygru a lladd,
Heb Dduw, heb ddim
Ond trachwantau a chwantau chwyrn
A phleser ofer a rhwydd?

I'th gur pa gysur a gei,
Pa ifanc afiaith
A chysgod du difodiant,
Llid y llwch
A'i lwyth o farwol loes
Yn bwys uwch dy ben
I'w wasgu i fêr dy esgyrn
A dwyn ei wenwyn i'th waed?

I ti fy mychan annwyl
Ar ein hôl ai dyfodol a fydd
Mewn byd mor anhyfryd â hwn
Yn byw dan arswyd y bom,
Ai annhymig fedd mewn llygredd llwyr?

MAMAU ETHIOPIA

Rhoes yr Iôr o'i drysorau
A'i dda ddigonedd i ddyn,
Ond ein rhaib ffôl hunanol ni
A afradodd ein cyfreidiau,
A difa'r cynllun dwyfol —
Parhad ffrwythlondeb y pridd.

Ei radau Ef a ddifrodwyd
Rhag pangau cnoadau newyn
Y mamau gwag heb allu magu
Llwyth eu bru â llaeth eu bron,
Heb obaith am ddim gwell bellach
Nag angau y beddau bach.

FY NYDDIAU GYNT

I goll aeth fy nyddiau gynt — a heno
    Dim ond hanes ydynt,
    Di-sôn pob un ohonynt
Fel y gwawn a fâl y gwynt.

NID Â'N IAU

Y byw pan ddelo i'r byd — nid â'n iau
    Ond yn hŷn bob munud,
    Ac ni wêl fyth ddychwelyd
I'w ail-greu, na'n ôl i'w grud.

DUW, EIN TAD

Ti ffynnon pob daioni — Duw, ein tad
    A'n tŵr mewn trybini,
    Dy rinwedd dyro inni,
A'th nawdd yn gymorth i ni.

TREFN NATUR

Haul a'i wres bair i fesen — y gwanwyn
   Egino yn goeden;
Nodd y pridd wrth wraidd y pren
A ddyry nerth i'r dderwen.

MYNAICH Y LLYNNOEDD

Lloches yn Nhalyllychau — a gawsant
   Yn gysur i'w dyddiau,
A'r gwir sydd yn drech na'r gau
Yn hyder i'w heneidiau.

TÂN

Daw ias tafodau ysol — yn ffyrnig
   O'i ffwrnes ddifaol,
Ond dofer trachwant deifiol
Ei wres — a llwch sy ar ôl.

VITA BREVIS

Ein horig fer i drigo — yn y byd
  Ddaw i ben ar fyrdro,
A daw galwad i gilio
Ar frys i ryw ddieithr fro.

CRINDDAIL HYDRE'

Edrych ar grinddail hydre' — a gweli
  Argoelion o'th siwrne;
Nid hirfaith dy daith dithe,
A'th rawd cyn troi tua thre.

BORE A HWYR

Er i ynni bri a braint — bore oes
  Barhau am ryw gymaint,
Adfyd, dihoenfyd a haint
Yw'n hanes yn ein henaint.

I'M CYFEILLION
(Wrth imi ymddeol)

I chwi bob un fe ddymunaf — hwyl fawr
A haul fyth pan gefnaf,
Dyddiau llon o'r bron yn braf —
Y gorau a'r hawddgaraf.

I GOFIO AM HEN GYFAILL
(Mr. Enoc Thomas, Prifathro Ysgol Uwchradd Aberteifi)

Un mwyn a ddygwyd o'n mysg, — un di-staen,
Un di-stŵr, diderfysg
A rodd ar allor addysg
Yn gyflawn ei ddawn a'i ddysg.

ER COF
(John Idris Thomas — ffarmwr a garai'r pethe)

Oes onest o wasanaeth — ar ei hyd
A rôi hwn yn helaeth,
Ac o'i radlon hwsmonaeth
Yn ei âr i'w dalar daeth.

HAF 1984

Mewn heulwen, rhai'n mo'yn hwylio—ac eraill
O'u gorwedd yn gwylio,
Pawb bob man, a neb dan do,
Maes o'n cwmpas yn campo!

HAF 1985

Para i ddod mae'r cawodydd — a'r dŵr
Ar daen dros y dolydd;
Ym Duw, wel dyma dywydd,
Dim ond glaw di-daw bob dydd.

TRUGAREDD

Yn holl hagrwch fy llygredd — dyro im
Dy ras a'th dangnefedd,
Rho Di i mi cyn fy medd
Dy ragorol drugaredd.

Epigramau

DOETHINEB

Doeth y'th gyfrifir dithau
Bob adeg, a'th geg ar gau!

ANGAU

I wasgedig cwsg ydyw
I'w ryddhau o boenau byw.

Y DWNSIWN

Dawnsio uwch ben y dwnsiwn
Yw bywyd hurt y byd hwn.

Y DAITH

I'r man yr aeth y cenedlaethau
Ar daith un dwthwn yr ei dithau.

Y MILWR

Moliant a gaiff y milwr
A haeddai gosb am ladd gŵr.

PE CAWN I FYW

Pe cawn i fyw yn bumcant oed
Flinwn i byth ar y blodau a'r coed,

Ac ni chawn i ddigon yn hen, hen ŵr
Ar furmur afon a sisial dŵr.

Cynhesai fy nghalon yng ngolau'r lloer
Er min y llwytrew ar noson oer,

A byth ni fethai'r gwanwyn gwyrdd
Â'm synnu â'i ogoniannau fyrdd.

Profiadau syml yr hen ddaear hon
Sy'n melysu 'mywyd a llonni 'mron.

Y MARW HWN

(Pedair ar hugain oed)

Bu rhywrai yn hiraethu ar ei ôl,
  A rhywrai yn galaru uwch ei ben,
Ond erbyn heddiw nid oes neb a ŵyr
  Ei hynt a'i helynt yma is y nen.

Pwy oedd y rhai fu yma yn eu du
  Yn gollwng dagrau hallt o galon drom,
A phwy fu'n anobeithio ddyddiau hir
  Pan roed ei farwol lwch i'r ddaear lom?

Erbyn heddiw nid oes neb a ŵyr,
  Na neb yn awr yn malio dim ychwaith;
Does ond ei enw ar y garreg lwyd,
  Ac yntau'n rhan o bridd y cread maith.

PAHAM?

Paham y mae'n rhaid i mi farw
  A chefnu ar hyn o fyd,
Gadael ei liwiau a'i leisiau
  A'i ogoniannau i gyd?

Colli cwmni cyfeillion,
  A mwynder teulu a phlant,
Colli mawredd y machlud,
  A hud y mynydd a'r nant?

O na chawn i bara byth bythoedd
  I sugno'r swynion di-ri
Nes byddai holl riniau'r cread
  Yn toddi'n fy enaid i.

HIRAETH

Mae hiraeth arnaf heno
  Am rai sydd wedi mynd,
Cydnabod a chyfoedion,
  A llawer câr a ffrind.

Garw na chawn i gredu
  Eu bod hwy'n rhywle'n bod
Yn aros ac yn disgwyl —
  Disgwyl i mi ddod.

Fe fyddai'n rhwyddach croesi
  Pe cawn fynd atynt hwy,
A thrigo yn eu cwmni
  Heb raid ymadael mwy.

MOR DRIST

Mor drist yw gweld creulondeb dyn at ddyn
  A holl anfadrwydd lloerig arfau tân
Sy'n lladd a dryllio cyrff diniwed rai
  Yn wragedd, gwŷr a phlant yn ddiwahân.

Beth ydyw'r ysfa wyllt am dywallt gwaed,
  Chwalu cartrefi a'r dinistrio blin,
A'r holl gasineb dieflig a di-drai
  Heb ddim ymddiried mwy rhwng dyn a dyn?

O na ddôi ton tangnefedd drosom ni
  I'n golchi'n wyn o'r llygredd aflan hwn,
A'n llwyr lanhau o'r pydredd yn ein plith
  Sy'n madru ac yn llethu'r byd yn grwn.

GOGONIANT

Fore a nawn i Dduw fe rown ninnau
Ogoniant diymwad am Ei radau,
Am roi i ddynion Ei amryw ddoniau,
Am lwythi i lenwi ein hydlannau,
Bara beunyddiol ein hysguboriau,
A llif Ei rinwedd a'n holl freiniau,
Egni'i bridd sy'n dygn barhau, — Duw ei hun
Yw tŵr a gwreiddyn ein trugareddau.

Y MEDDYG DA

Drwy ei oes y rhoes yn rhydd
O boenau rywrai beunydd,
Ac o lid eu gofidiau
Â'i wir ddawn eu llawn wellhau;
Ei ofal mawr a'i afiaith
Eli ar gur fu lawer gwaith.

Eiliwn yn hael ein moliant
I ŵr doeth ar seinber dant,
Gwerin ŵr, a gŵr o'n hiaith
A garai ein rhagoriaith.
Canwn heb eiriau cynnil
Aria fawr i ŵr o fil.

CŴN

Pawb:

Fawr a mân nawr cydganwn
Seiniau tlws corws y cŵn;
Dawnus hen ffrindiau dynion
Yn un llu cawn ganu'n llon.

Corgi:

Iap! Iap! 'r wy'n gi bach hapus,
Ym mhob man, pob llan a llys,
Ond ar lin y Frenhines,
Ger ei llaw mae'r gorau lles.

Y Ci Defaid:

Dyna nef i gi defaid
Yw nôl y praidd yn un haid,
A'u dwyn i'w corlan bob dydd
O'm heinioes ar y mynydd.

Yr Alsatian:

Wyff! gallaf fod yn ryffian,
Gwarchodwr, gwyliwr y gwan;
Swyddog i ddal troseddwyr,
A rhoi gwae i'r euog wŷr.

Y Spaniel:

> Ci adar, un sionc ydwyf,
> Ac i saethwr arwr wyf.
> Heliaf weirglodd a chloddiau
> A'm bryd ar chwilio am brae.

Y Pwdl:

> Fi yw'r sbrigyn pwdlyn pert,
> Hybarch o'r enw Hubert;
> Cerdded wrth gwt meiledi
> Sy'n dod â maldod i mi.

Y Milgi:

> Wele fi, y milgi main,
> Yn rhedeg fel ar adain,
> Llawn o ing i gwningen
> A phoen wyf i'r gynffon wen.

Y St. Bernard:

> Ci dewr mewn cawod eira,
> Arwr dyn a dringwr da;
> Parod i ddod i'w ryddhau
> Ar fynydd yr wyf innau.

Pawb:

> Fawr a mân eto canwn
> Seiniau tlws corws y cŵn.
> Dawnus hen ffrindiau dynion
> Yn un llu canwn yn llon.

NADOLIG

(Gan gofio *A Child's Christmas* Dylan Thomas)

Rhys a Hywel:

O! hwylus fai cael helynt
Y dyddiau a'r gwyliau gynt,
Ac nid gwael fai cael mewn cân
Nadolig fel un Dylan.
Sôn am dinsel a chelyn,
Oriau gwych o eira gwyn,
Llwythi teg o anrhegion
Yn llanw'n bryd, llonni'n bron,
Encil y bwthyn uncorn
A sain cân clychau Siôn Corn.

Dad-cu:

Nadolig fel un Dylan?
Un mor rhydd a fu i'm rhan!
Mewn hiraeth bûm yn aros
Seiniau teg clych Santa Clôs.
Mewn melys nwyd breuddwydiwn
Am bwysau beichiau ei bwn —
Siocled a mân deganau,
A chnwd o rawnwin a chnau,
Ffrwythau, afalau filoedd
Yn ei sach yn gynnes oedd.
Cysgu'n ddi-ball ni allwn,
O dasg lem, yn disgwyl hwn.
Er i mi weithiau sbïo
(Hen loes oedd) ni welais o.

Rhys a Hywel:

A synnech weld eich sanau
Yn rhai mawr, wedi trymhau
Pan ddôi gole bore bach
A'i lewyrch yn oleuach?
A beth am rin y cinio,
Ai da oedd ei fwyta fo ?

Dad-cu:

Syndod a rhyfeddod fu,
Nefoedd, gweld sanau'n tyfu!
Hyfryd y wledd a'r sbleddach,
A'u helynt byth i blant bach —
Y pwdin wedi'r cinio,
A haenog lwyth o dân glo.
Cracers yn gwafers i gyd,
Teisen a hufen hefyd,
Heb chwâl na dial na dig
Yn deulu ddydd Nadolig.

Y Tri:

Nadolig fel un Dylan
I mi doed eto'n y man!

Englynion i'n Hwyrion Ni

DAFYDD RHYS
(Yn flwydd oed)

Ni welais dy anwylach — yn y byd
　　Nac un byw hapusach,
　　Neb mwy ffel, na neb delach —
　　O aros byth yn Rhys bach!

HYWEL LLEWELYN

Henffych Hywel Llewelyn — yr arwr,
　　A'r oriog anwylyn,
　　Hin dda nes tyfu'n hen ddyn
　　Fyth-heulog fo i'th ddilyn.

GWENLLIAN MAIR

Llon yw 'myd Gwenllian Mair — o'th eni
　　Eneth annwyl ddisglair;
　　Dy fryd fo'n lân ddianair,
　　A'th ddelfryd golud y Gair.

CATHRIN ANN
(Yn flwydd oed)

Dyddiau o oriau eirian — a siriol
    Fo i'm seren fechan;
    Heno, na bawn fy hunan
    Yr un oed â Cathrin Ann!

WILLIAM GLYN

Glyn olau, galon heulog — a'r wyneb
    Mor annwyl a serchog,
    Mor syw ei barabl bywiog,
    A'i gân mor llawen â'r gog.

EU MAM-GU

O rianedd y dirionaf — erioed
    Ac o'r hael yr haelaf,
    Ei doniau gorau a gaf,
    A'i hanwylach ni welaf.

SUB SPECIE AETERNITATIS

O safbwynt tragwyddoldeb
Does dim yn y byd o bwys;
Dyw'r trychinebau mwyaf
Ond cyffroadau pitw bach
Ar wyneb digyffro amser,
Ac ni bydd Hiroshima a Nagasaki
Yn ddim ond paragraff moel yn ein llyfrau hanes
Ymhen rhyw ganrif eto.

Beth i ni yw erchyllterau ddoe,
Belsen a Buchenwald?
Ni theimlwn ni bangfeydd y brwydrau pell,
Ni chlywn ddolefau'r clwyfus,
Ni welwn arswyd y llygaid diobaith
A bylai fel y llifai'r gwaed.

Beth i ni yw doluriau'r oesau gynt,
Camwri a chreulonder ein cyndadau,
Y treisio, carcharu a'r arteithio?
Nid ydynt i ni ond ffeithiau
A ffigurau oer na allwn ddirnad eu hystyr.

A ninnau?
Rhaid i ni fyw ein bywydau bach,
A datrys ein dryswch,
Gan deimlo, a chydymdeimlo
Â'r sawl sy'n agos atom
O fewn ein clyw a'n golwg,

A diolch,
Na fydd ein hofnau a'n gofidiau ni
Ond chwedlau disylwedd i blant ein plant.

Heb hyn,
Ni byddai iddynt fywyd,
Ac ni fynnwn eu llethu
Â'n pechodau ni.

Y CRËWR

Diderfyn a doeth yw Duw,
Y Duw nad yw'n datgelu
Dirgelion ei drychfilod bychain,
A'i greadigaethau lleiaf
Nas gwêl ein llygaid ni.

Doeth a diderfyn yw'r Duw
Nad yw'n datgelu
Dirgelion ei fydoedd a'i gysawdau,
A'i greadigaethau mwyaf
Nas dirnad ein dychymyg ni.

Ac am na welwn,
Am na ddeallwn,
Am na allwn amgyffred
Ei holl ddirgeledigaethau,
Nid oes i ni ond synnu,
A phensynnu,
A phlygu'n wylaidd i'w addoli Ef.

GWEDDI

O Dduw, sy'n gwrando ein dwys weddiau
A dyfnion ofalon ein mud ofnau,
Dod ddiwedd ar lygredd ein taflegrau,
Arswyd yr atom, dinistr y bomiau,
Difa'r sôn am gyfoedion ofidiau,
Eco lawenydd drwy ein calonnau,
A rhag yr ing trugarhau, — rhag egrwch
Inni dy heddwch rho yn ein dyddiau.